JN408925

난생처음 단 한 번

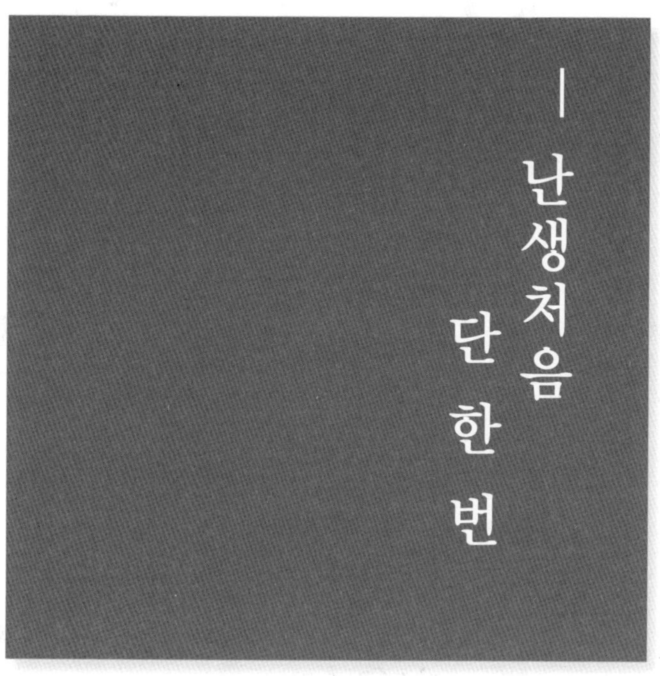

鶴山 최윤표 제2시조집

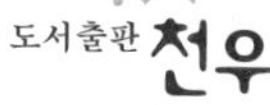

시인의 말

유년 시절부터 문학에 매료되어 국어사전과 옥편이 닳도록 밑줄을 그어가며 노트 3권 분량으로 필사를 하여 지금도 늘 책상 앞에 두고 작품을 구상한다.

작품을 쓰면서 애국심에 대한 사상과 철학에 심취한 나머지 나의 작품은 대부분 조국사랑에 관한 작품들로 구성되어있다.

졸작을 세상에 내놓으려니 낯빛이 붉어진다.

2019년 7월

鶴山 崔鉉杓

무심천으로 흘러가는 인생별곡

김 천 우
시인 · 문학평론가 · 월간『문학세계』발행인

한국문단의 굵직한 연륜이 말해주듯이 최윤표 시인의 작품세계는 무심으로 흘러가는 강물처럼 막힘없이 자기만의 내면세계를 올곧고 탄탄하게 쌓아 올리고 있다 시적화자의 울림 또한 아리랑 쓰리랑 고개를 속절없이 잘도 넘어가는 가락이 인생별곡처럼 펼쳐진다. 또한 시세계와 시인의 연륜이 더 높아서 이미지 중심으로 흐르는 작품이 아니라 스토리텔링 중심으로 중점을 두고 있다는 점도 그만이 풀어가는 은유의 세계가 농도가 짙을지도 모른다.

사람 좋은 시인, 인간미 넘치는 시인 최윤표 시인에게 불리는 수식어는 참으로 다양하고 따뜻하게 다가왔다 인생은 부메랑과 같아서 준 만큼 받는다. 그러나 시인의 정 깊은 발자취는 한국문단의 징검다리 같은 중요한 역할을 하고 있다는 사실이다. 진정성이 있는 시인은 가슴으로 모든 것을 말하고 있다. 최고의 작가는 구름 위에 뜬 태양을 보고 어리석은 자들은 구름 속의 빗방울을 바라볼 뿐이다. 시인의 살아온 연륜만큼 탄탄하게 익어가는 시편들이 황금 들녘을 수확하는 농부의 기쁜 숭고한 결실이라 생각한다.

자고로 문학은 우리들에게 산소 같은 청량제 역할을 하듯이 시인의 풍요로운 삶을 살아가는 여정에 아름답고 정겨운 선물이 소롯이 담겨있는 이 한 권의 시집은 만인들에게 소중한 길라잡이가 될 것이라는 사실이 얼마나 축복받는 일인가 말이다. 각박한 세상살이에서 빛나는 보석 같은 언어의 연금술로 독자들에게 꿈과 희망을 불어주는 정신세계의 이정표가 아닌가 한다. 최윤표 시인의 중후한 시편들이 세상 밖으로 탄생한다는 존재만으로도 다른 사람들에게 빛이 되고 힘이 되는 역사적 사명의 진리가 아닐까. 시인의 우보천리 같은 꿋꿋한 작품집을 통하여 더욱더 진가가 나타날 것이며 일신우일신의 참뜻처럼 날마다 새롭고 나날이 발전하는 최윤표 시인의 시편은 삭일수록 사람 냄새가 징하게 묻어나고, 가슴 가슴에 젖어 들고, 우리네 인생길에 동행하는 진리와 그 지독한 그리움 황혼의 저녁노을 초막의 등불 같은 정서가 묻어 있어서 참 좋았다.

그의 작품을 접근하는 데는 심오한 뜻이 내포되어 있으며 불타는 열정과 해탈의 경지를 넘나드는 준수한 작품이라고 할 수 있다. 태양의 열기가 우주를 아우르는 계절에 상재되는 명품시조집이 독자들에게 큰 사랑받기를 소망하면서 다시 한번 축하를 드린다.

제1부

영혼의 불꽃

제2부

선구자

제3부

독도

제4부

욕망을 품은

제5부

묵계의 향루

제1부

영혼의 불꽃

인왕산

꿈속에 보지 못한 마음을 울리는가
생김새 역겨워라 심마니 울던 바위
굽 돌이 울퉁불퉁해 뾰족한 모습 모아

어떻게 눈을 뜨면 고풍의 팔경 품고
붓을 든 나로 하여 한 폭의 욕심 담아
그리려 붓대 잡으니 내 손이 사회 그려.

붓끝도 자무(自務)에 찬 열망(熱望)도 웃는 결연(結緣)
그래서 명승이라 그 뉘가 말했던고
사계절 인왕산 절개 대통령 삼가 겸손을.

漢陽大闕
한양대궐에

강물은 흘러가면 다시는 돌아오지
않는데 만화들은 계절 따라 피고 지는
철칙의 세월 지향한 추억을 살아가자고

세상을 인생들이 태어나 살다 가면
한 번의 슬픔만을 마지막에 안고지고
종착역 따라 가며는 두 번 다시 피지 못한

목숨이 태산같이 웅장하듯 살면은
만고에 인자하신 성인은 몇 수라도
문안의 한양대궐에 값진 문장 써 놓으랴.

영혼의 불꽃

빼저리던 팔십오 년 광복의 피눈물이
이산가족 헤어져서 살아온 생사고락
이제는 여기서부터 첫걸음 세며 갈까

눈물 어린 타향살이 나이도 몰라보는
생명 핏줄 죽고 사는 험악한 인생길의
본능을 찾아서 가는 알뜰함이 어디뇨

고통 덜고 새로운 삶 힘 모아 살아보세
얼굴을 마주 보고 최후의 길 가치 행복
영혼의 불꽃으로써 남북통일 이루세.

영웅호걸

고요한 영혼 백두 얼었듯 멍든 천지
봄기운 녹슨 행동 품어온 홀륜(囫圇) 탄조(呑棗)*
겨울잠 자듯 소리는 아무도 모르는가

청량한 봄의 빛깔 들쑥주 날 홀린 듯
지난날 69성상 비운의 형제 잃었던
사자는 강인한 독을 품고 민초 울리니

굳세게 기다리던 대동강 풀리듯이
기아(饑餓)를 채워주려 뛰어난 대 영웅호걸
한국의 남북통일 열 풍상(風尚) 웅걸(雄傑)* 꼭 나오리.

* 홀륜 탄조 : 아무도 모르는 일을 우물쭈물 넘기려는 행동.
* 풍상 웅걸 : 거룩한 모습을 사람사람이 좋아하며 우러러봄.

영원한 묘향산맥

지향 없이 걸어오니 원행 길은 멀어지고
남쪽에서 그리울 땐 못 잊어서 그려보면
사무친 그리운 사연 피지 못할 꿈 이런가

갈길 마저 멀고 멀어 끝없는 한 무심하고
세월 또한 말이 없고 무정 강물 흘러간 데
가고자 한 휴전선아 종점이라 못 가는가

전쟁터에 사무치던 젊은 청춘 넋이로고
두고 왔던 고향이고 자라던 곳 보이건만
영원한 묘향산맥은 내 영혼 노닐 곳인데.

새 천 년 통일철마

세상사 감정 지운 한마음의 평화 약속
따뜻이 맞이하고 기다린 이북형제
통일의 꿈 이룰 날이 눈앞에 정이 피네

신묘한 기상 서려 가득히 찬 동방 나라
더불어 살아갈 길 열리는 배달민족
남북 간 주고받을 건 진한 정 우리 형제

명산의 우리 얼과 이어갈 메아리가
읊어갈 오대양과 육대주 우리 얼이
새 천 년 통일철마가 상혼 씻고 달린다

板 門 閣
판문각

계절이 지나간 뒤 오곡의 진가 알듯
名 價
명가의 발자취는 먼 훗날 필 건가요
至 治
판문각 철조망 문이 열리면 지치는 오리

올바른 진실에는 생활이 윤택할 듯
남과 북 삶의 신조 살아갈 우리 형제
人 之 常 情 調 印
평화는 속일 수 없는 인지상정 조인한 것

효 노랫말 아끼며 참고서 살아오던
相 戰
그 많은 상전 세월 얼마나 흘렀는지
統 一 錢 春 詩
명언적 통일전춘시 읊노니 가슴만 울어.

한탄강

일송정 달빛 아래 물소리의 자진가락
이 한밤 애원 토한 적막강산 전선야곡
언제쯤 웃고 만날까 기약 없는 부모형제

철새 떼 모여들어 구슬피 운 한탄 노래
따스한 혈육의 정 잊은 정을 다시 살려
가슴속 맺힌 한탄을 말끔하게 씻어가며

문화도 애원하니 한 맘 한 뜻 합심하고
천만세 누려 가며 얼굴 주름 펴고 살길
한탄강 이름을 바꿔 통일강 노래 부르죠.

한국얼

지구촌 휴양기지 분단의 제약 거둬
우리의 힘 합쳐서 살아갈 미명(美名)의 덕
간직한 명산의 절경 느긋이 열어가며

형상은 말 없어도 눈부신 아름다움
그리운 금강산의 절경의 저 모습을
세계인 불러 모여서 살아온 이야기를

남북 간 디딤돌 될 앞날의 새싹들과
중추적 역사들의 보물도 아름드리
억겁을 탐험한 전설 한국얼 알려주세.

선죽교

봄이면 만물들의 색동옷 금강산아
학 불러 대금놀이 춘앵무 선죽교여
고려 말 성리학자로 피살로 간 포은이요

태고연 봉래산은 넋두리 기암절벽
천지못 배 띄워 일성호가 신명 났던
지난 예 호화로움을 들쑥주에 취해보니

고요한 황가집은 시어의 풍악산 돼
평화는 천자만홍 선악도 말랐는교
예던 날 포은의 넋인 단심가 피 다리 읊던

설화에 반했느냐 순절한 돌다리여
한 얽힌 계골산은 민초 봄눈 앞두고
사계절 보름 달빛은 휘영청청 연년세라.

億 萬 年
억만년의 거울

試 圖
보이지 않는 시도 나의 씨알 분명하고
행여나 기대했던 고독의 씨 하나 몸에
품고서 고향 산천을 언젠가 찾아가리

선조님 뒤를 이어 봉오산과 벽옥산의
거석리 아담스런 학 둥지인 명당자리
영혼의 태 자리 광명 증거를 심으리라

이 세상 하직하면 후인들은 뒤를 이어
태어난 작가 고을 억만년의 거울이 될
先 驅 者 鶴 山 巨 木
선구자 학산거목을 기리도록 남겨두리.

시성(詩聖)이 되어

시구(詩句)를 하나하나 생각해 적어보며
조심히 추리(推理)하며 또 깊이 새겨보면
시상이 썩 아름답게 엮어지는 법인기라

인정도 메마르지 않기에 시가 되고
학처럼 곱고 곱게 시문(詩文) 돼 마음 울려
산하는 시인을 불러 유정(有情)의 자리하네

최상의 시조 가락 윤택해 한량없고
윤기 난 시어(詩語)로써 그것참 명월 같아
표상의 시성(詩聖)이 되어 국가를 빛내도다.

금강산 서기통일(瑞氣統一)

태일이 내린 정기 천명의 천하제일
천산의 기성 산세 수려한 자태 찾아
예로써 민족의 영기 생명력의 형상이라

영험도 추용(秋容) 서린 민족얼 태백산정
내려온 인간세계 환웅의 전설 요지
빼어난 일만이천봉 태고연(太古然)이 너울지고

태양층 기암 정기 세계의 으뜸 자랑
절세의 준산으로 기골(氣骨)도 예스러운
한국의 천보영산인 이 금강산 서기통일.

금강산 사계절

금강산 사계절은 두만강 변증하듯
모래톱 멧새들이 멱 감아 깃털 떼면
그 광경 하나하나가 시구절로 울먹이네

폭포는 끊임없이 칠십 성상 울먹이고
봉래산 아름드리 절개들을 자아내고
물소리 구슬프게도 끊지 않는 애곡(哀哭)이여

흐르는 물살들이 힘 넘친 너울춤에
풍악산 짐승들은 목청껏 노래하는
세상의 태평연월을 노래하고 즐겨 살고

개골산 천지 얼면 먹을 게 없는 울음
한 많은 세상살이 막막해 죽어가고
압록강 못내 물소리 호령들 한을 토하네.

금강산 품은

금강산 품은 절경 한눈에 담아보니
신선이 된 기분의 자태로 그지없어
눈부신 조물주 섭리 거대하고 웅장함

일생의 대자연이 풍광을 추어내는
꿈같은 만물상과 정갈한 개성 거리
선죽교 피다리 비화 곱씹어 읊어보네

넋살은 병풍처럼 비로봉 옥녀봉은
예 모습 학나래로 펼쳐진 선녀봉이
넘치는 이 아름다움 형용할 수 없구려.

금강산

멧부리 절개 좇아 억만년 기개세(氣蓋世)라
수천 길 벼랑 진 골 폭포수가 내리꽂아
물슬을 튀워댄 넋은 영물 중의 극치로다

메와 메 전설 지닌 자드락길 세류천
우람한 부동자세 금강산 일만이천봉
봉황이 나는 형상에 고고한 옛 모습으로

물소리 새소리가 영 영 영 이을지니
고귀한 저! 넋 그저 단 한 번 보고 느낌에
오로지 우리에게는 오매불망 평화통일

무정(無情)블루스

인사동 화랑 거리 양쪽엔 문화의 꽃
별의별 물건들을 차려 논 구색들은
장인(匠人)과 선비님들의 떼가 서린 흔적들이

화백의 붓끝에서 향기도 피고 있어
감정이 깊어지는 동행한 연인들의
처음 본 즐거운 마음 불러본 무정블루스

골목길 양가에는 만 가지 구성하고
구경꾼 무정수(無定數)로 한 잔의 술을 들며
낯설은 이방인들의 깔짱 낀 뒷모습들은

만홍빛 누벼보는 찬란한 밤의 여로
깊어간 심야 행렬 꽃피는 가로등불
정열의 인사동 거리 불러본 무정블루스.

봄비블루스

한없이 쭈룩쭈룩 내리는 봄비련가
뒷동산 멧새들은 봄노래 한창인데
이 거리 봄 향기마저 홀리는 봄비블루스여

세월도 봄바람에 따라간 시절이야
매정한 빗소리는 그칠 줄 모르는가
어디서 서글픈 소리 들리는 봄비블루스여

언제나 봄이 오는 소리에 간장 녹는
강산도 푸르러서 풀벌레 우는소리
청춘의 이내 근심을 울리는 봄비블루스여.

동백섬블루스

동백섬 안개 속을 그리움에 젖어보며
사랑의 정열 피운 쉼터마다 로맨스여
동백꽃 향기 밤바람 이 거리의 연인이여

쓸쓸히 걸어가는 연인들의 모습마다
외로움 달래지도 못한 마음 어이하랴
아아아 아쉬움 속에 젖어보는 블루스여

저리도 붉게 피어 소복단장 했는데도
누구의 정열 뿌린 은물결의 로맨스여
뱃고동 울릴 때마다 갈매기도 춤추는데

나 홀로 걷고 있는 이 심정을 누가 알랴
그리움 나누지도 못한 마음 서러움아
아아아 꿈의 내 사랑 동백섬의 블루스여.

내 청춘 블루스

아버지 사십(四十) 세(世) 운(運) 성상(星霜)이 무정하오
어머니 사십오 세 홀로 돼어 흥타령에
사려(思慮)의 호미 살이로 구십 세 운명 일생

고향을 떠나 온 지 시간은 주마(走馬) 간산(看山)
고모령 넘어 넘어 걷고 걸은 길 끝없던
이 못난 막내아들은 찾아갈 곳 어데뇨

흘러간 세월 따라 뵈올 날 앞에 두고
나는요 가시밭길 타향살이 오뚝 인생
희망을 찾아가는 곳 어버이 봬오려요

사나이 불석신명(不惜身命) 눈앞에 아롱거려
살아온 고독 참아 읽어오는 발자취는
영광을 얻는 그때가 내 청춘 블루스여.

가을비블루스

싸늘한 바람 불던 비 내리던 오후 한때
멧새도 젖은 몸에 한없이 지즐 댄 그때
내 사랑 보이지 않는 이 거리의 가을비블루스

눈물만 주룩주룩 흘려도 소용없는 것
세월은 이 시간도 어디로 가나 말 없고
울리는 심장을 검게 애태우는 가을비블루스

무정도 애를 태운 사나이 눈물인 기라
한없이 이내 심정 꼬집어 파고드느냐
심야의 고독 깨무는 정열 사랑 가을비블루스.

천사만려(千思萬慮)*

물소리 젖은 잎새 갈바람 풀피리는
자연의 산자수명(山紫水明) 물보라 춤을 추는
단풍의 벽옥산 정기 한 폭의 동양화여

적가의 골짜기엔 두견이 서글프게
저리도 임을 잃은 처량한 울음 따라
자연도 쉬지 않는 밤 고요가 흘러가나

산 절로 그려내고 물 절로 길을 따라
세월과 동반하여 말없이 훌훌 가니
소슬한 고향 헤아려 천사만려(千思萬慮) 나그네.

* 천사만려(千思萬慮) : 여러 가지로 생각하고 걱정함. 또는 그런 생각이나 걱정.

행복의 꿈

산마루 허공에 뜬 하얀 달이 빛을 잃고
뉘우고 가는 모습 사랑마저 어둡 고야
나는야 눈을 뜨고서 정처 없는 지척 천 리

그 모습 영예로운 희망의 길 아침 햇살
깊은 밤 시골집은 멀어져만 가는 고야
목련꽃 한 아름 들고 뉘를 찾아가는 건지

고향길 가족 찾은 진솔한 맘 부모 사랑
내 지금 행복의 꿈 찾으려고 가는 고야
생각 사 이뤄진다면 더할 나위 없으련만.

水見 雁
수견 안

귀 설치 않는 예술 가치론 열정 펴려
골생원 여류작가 초대한 원덕 갖춘
언제나 문학가의 길 배양 변함없으리

만나면 반가워서 손잡고 웃는 얼굴
하고 픈 이야기도 꺼내지 못한 촌음
아쉬움 두고서 가는 꽃의 피는 뒷모습

초승달 지닌 눈썹 세상을 일깨우는
얼굴은 보름달을 닮아서 우아하며
덕행을 품은 가려한 여랑 여류작가여

아직껏 마주 앉아 차 한 잔 얘기꽃도
나눔도 없는 앞에 얼굴만 스친 향꽃
水見 雁 轉輪花
매력의 소유자이자 "수견 안 전륜화"야.

제2부

선구자

先驅者
선구자

세계화 문을 열고 힘 합친 평화의 길
대화의 타협으로 결연을 맺어가며
희망봉 바라보며 정 나눌 이방인과
한평생 변함없이 뜻 모아 살아가자

올곧은 정신 일궈 정열로 사랑하고
천하의 웃음의 꽃 문화를 교감하며
인류는 모두 함께 등불을 밝혀가며
한국의 본을 받을 가치관 심어주자

한층 더 위대하면 배려의 표상이다
친화를 베풀어서 한글도 대우받고
마음의 호감 사는 철학의 행동으로
인격을 존중하고 예의를 표해가자

상호간 교육 문화 배우며 교양 가르쳐
역사도 왜곡 말고 진실을 끌어안고
노력의 힘을 배양 장엄한 민주주의
세계화 다문화로 오손도손 일궈가자.

정선 아리랑

정선의 아리랑은 사연도 애절하고
여자의 구곡간장 울리는 세상살이
고달픈 민생푸념을 만수산만은 알리라

조양강 굽이절벽 비화도 그윽하리
시집의 애옥살이 하소연 못 한 것을
아낙의 일편단심을 낭군들은 알고 있나

울렸던 영산홍록 벙어리 예사롭고
가난이 원수라고 책망이 앞을 가려
한 많은 보람의 씨는 아낙들의 맘 모르리.

순천만(順天灣)의 갈대숲

저 푸른 하늘 위를 해조가 검게 물든
붓으로 점찍은 듯 헤아릴 수 없는 것을
물새 떼 오르내리며 광경을 방불케 한 곳

바다는 수평 그어 푸른 청해 이련만
거북 등 간간 저기 풍광들이 업고 누은
조용한 하루 지나면 고요와 잠재우는 곳

이러한 자연미가 산자(山紫) 수명(水明) 풍월(風月) 주인(主人)
먼 옛날 아주 그때 그 뉘가 보았을까?
풍정(風情)을 부른 갈대숲 순천만(順天灣)의 자랑이여.

一眞法界
일진법계
— 김영삼 대통령에게

이 땅의 우주 깔고 바다 위는 조산 조수
천수답 샐 수 없는 엄청난 이 바윗돌들
동식물 천연과일로 풍성 해온 한국이여라

만사를 살아가는 이 우주의 영장으로
지상의 오대양과 육대주의 정 나누려
부단한 노력의 산악 이 꿈속 길 끌어안고서

만물을 밝힐 사랑 오대양 육대주 하나
하늘도 하나이고 해님 달님 하나인데
온 세상 행복을 나눌 다문화의 가족인으로

우주의 시금석인 옥구슬을 하나 케어
줬건만 그 대가는 입 다물어 원망뿐이고
내 마음 일진법계*는 세계평화 지도 하나로.

* 일진법계 : 작은 티끌 하나 속에도 법계, 곧 우주 전체가 갖추어져 있다는 말.

한국은 "세계화"

— 김영삼 대통령께 신한국 찬가 명시조 일진법계

백성은 근심 속에 살고 있고 나날 보네
세상을 살게 될 날 후세들에 있음이요
하루의 아침 갑자기 청천벽력 백성에게

나라의 살림 잃은 막막했던 국민들이
한숨은 살 걱정은 벙어리의 냉가슴 돼
앞날의 살아갈 길이 막막한 금 모으기를

했음을 기록했던 작품 속에 영험의 글
사람은 죽으란 법 없었으니 신한국 작시
전 세계 향해 명시조 읊어 선포했었던 것

천구백구십삼 년 생각났던 세계화요
작가는 한국문단 문인에게 선포하며
오대양 육대주 하나 될 명시선포 "일진법계(一眞法界)".

난생처음 단 한 번

문단을 걸어오며 조심도 애써왔고
선배의 누가 되지 않도록 전력 다해
빛나는 일상의 정치 잘하기를 빌어 왔고

겨레의 문화예술 억겁의 어휘발전
힘 모아 앞장서서 이끌어 존재 받을
민족얼 절절히 나눌 국경 없는 따스한 정

이제는 평화로움 열어갈 알뜰한 삶
온 누리 밝아지는 선진국 대열 앞에
청운의 꿈 품어왔던 부족함의 나그네여

미력의 귀감 남길 성현 길 연년 학산
평생 단 한 번 노래시 신한국 찬가 작사
거목은 대한민국이 "세계화"를 열게 했네.

悄然
초연이 앉아

어릴 적 산에 올라 자귀의 울음 듣다
넘어진 그런 한 때 지금도 생생하고
진달래꽃 꺾어 먹던 철없던 옛적 꿈아

走馬看山
팔순의 주마간산 이온데 저 신나는
세월의 그늘에서 베란다 철창에 온
올벼의 매미 읊어준 신나는 자진가락

초연이 앉아서 남쪽 하늘 바라보며
어머님 얼굴 그려 흰 구름 띄워 보니
흘러서 가매 내 고향 생각 마음을 울려.

그대 부인상

울리는 휴대폰이 날 찾는 것 아니겠나
벨 속에 미목수려 매화라고 하셨느뇨
마주친 얼굴 보노니 마음 터에 홀렸네

소탈한 그 정담이 찻잔 속에 녹아들고
의연한 육리(陸離)*에서 꼬집는 건 사랑이고
살그미 날 취하게 한 참이슬 향 이런가

불꽃이 타는 매력 찬연하던 꿈이였나
넋 잃은 기력마저 혼돈하는 몸부림은
애절코 그대 부인상 지울 수 없으리라.

* 육리(陸離) : 여러 빛이 뒤섞이어 눈이 부시게 아름다움.

호중천지

밝아온 호중천지 부질없는 임의 생각
들려온 옥피리에 간장 녹인 살랑바람
사귀조 울음소리도 내 마음 울리느냐

혼미한 시간들은 번개같이 흘러가는
이 한밤 장미꽃은 굳은 절개 깊디깊어
한 쌍의 눈동자 보니 천하일색이구려

꽃이 필 때가 오면 십오야로 나비 모여
켜놓은 등잔불은 불꽃마저 어두워져
나눈 정 깊어만 가니 시간이 아쉽구려.

금잔화

꽃 자락 풀어놓은 흐느낀 모습으로
곱다시 피어대는 넋두리 폼을 내고
밤사이 헌 옷이 되어 낙화로 신음하는

화신의 몸뚱이로 녹초 옷 입히고서
허소한 모양으로 왜 그리 늙어 보여
봄날의 화류 춘몽이 섭섭하게 가느뇨

사랑의 모나리자 바람난 금잔화야
숨겨둔 애정마저 못다 한 내 사랑아
미련만 남겨두고서 애잖게 떠나는 고!.

무정산맥

청산에 옛날처럼 우리들은 살아가며
향로길 어디인지 보이잖은 눈앞에는
근심과 만고풍상의 비바람을 겪었던 것

나 홀로 가슴 앓고 채찍 바람 기다리듯
봉 꼬리 무엇이며 덕복 또한 무엇인가
야박한 세태 속에서 말이 없는 한탄일꼬

내 것이 아닌 청산 내 것 아닌 유수인데
무덕한 청운이요 덕불고도 무심하니
호올로 무정산맥의 영을 넘어 가노메라.

무인도

창파는 끊임없이 수평선에 밀려가니
고래 등 여기저기 자밤자밤 들어내고
검게도 태워놓고서 불러 모인 물새 떼

파도친 은비늘은 찰랑대어 무늬 놓고
저 멀리 등댓불만 가물가물 가슴 조여
무인도 기세 물너울 풍광에 취했느니

수목은 말이 없고 물새 떼는 둥지 틀어
절벽은 병풍같이 해풍 스친 자국 그어
태초의 풍월 이어서 너 절로 예 보이네.

한 쌍의 백학(白鶴)

가을비 속에 국화 생기마저 얻었으니
아마도 기쁘기로 즐거움도 빛나노라
오로지 국화가절의 노래를 불러 보네

하늘은 높디높고 천상 날아 높이 속에
수놓아 가는 것도 경화로워 넋을 잃어
이아니 천고마비의 이채 띈 한 폭 그림

저렇게 높이 떠서 어디메로 가는 건지
별들이 등불 밝혀 구름에도 비춰주니
여로길 한 쌍의 백학 둥지 찾아가누나.

목련화

밤사이 생각나던 입술도 곱게 열어
화신의 나그네로 봄 화장 곱게 하고
치마폭 향기 날리며 미소 짓고 오노니

범나비 눈초리는 점찍어 놓았거늘
사모한 그 마음을 탐닉한 이 재주여
먼동이 중천을 여니 수줍음 보이는가

아쉬움 접고 보니 연연한 마음 내켜
청춘을 모름지기 이제야 알았으니
만남을 무릅쓰리라 모도리 목련화야.

대자연의 동심

동백은 무성하고 해비 진 소나무는
푸르름 더 더하여 구름을 이고 가는
세월의 바람 노래는 변함마저 없네그려

잎새는 설한풍을 이기며 훗날 기약
명월과 대자연의 동심은 그대로고
송죽매 곧은 절개는 녹수청산 지키는데

인생도 이와 같이 시정에 살고지고
후회할 늪에 서서 탓함을 뉘우치며
여생의 삶의 기적을 즐거웁게 누려가세.

萬壑千峯
만학천봉*

여울목 굽이돌아 쪼올 쫄 흐르므로
멀어진 앞 강물은 물안개 피워가고
봄날의 화무십일홍 만개(滿開)방석 꾸미는가

애성의 풀꽃들도 정열로 피어놓고
나들이 오간 손님 수줍어 유혹하며
애들은 까치저고리 꽃무늬 놓은 무지개

푸르른 초원들판 은은한 여인 향기
꽃들과 어우러진 나풀댄 옥색치마
동산의 만학천봉에 벌 나비들 부르는가.

* 만학천봉(萬壑千峯) : 첩첩이 겹쳐진 많은 골짜기와 산봉우리.

하모니카

소년 때 노래 좋아 즐겨 불러 간장 녹인
그 시절 주마등을 넘어간 지 숱한 세월
그때가 언제였느냐! 꼬집은 옥타브여

밤이면 달빛 아래 뒷동산의 잔디밭에
조용히 드러누워 그 흘러간 옛 노래를
한 곡조 기교를 부려 서글프게 불렀던가

고향의 영계들에 노래 몇 곡 가르치어
결혼을 올렸었던 야마반도 빅타반도
예던 때 하모니카가 들춰내는 그 추억아.

금낭화*

노을이 질 무렵에 갈대의 꽃 너울바람
가만히 바라보면 여인네 치마폭처럼
황혼의 빛살 안고서 너울춤 추는 기라

바람에 이랑 지고 칠색 빛의 무지개를
감싸고 영롱하니 그렇게도 아름답고
산골 숲 멧새 떼 지어 산경을 노래하니

옛적이 생각이 난 파랑새로 닮은 너요
보름달 이슥할 제 나그네의 천만리 길
미로가 나를 울리매 못 잊을 금낭화야.

* 금낭화 : 5~6월에 등 모양으로 붉게 피는 꽃.

기다린 들국화

들녘에 하늘하늘 고개 숙인 꽃들인가
누구를 위하여 핀 사연마저 갖췄을꼬
오늘은 허전한 곳에 너만 혼자 외롭구려

소슬한 바람마저 너의 심장 스쳐 가고
가을밤 정자나무 밑에 모여 오순도순
옛 얘기 나눈 정감에 남몰래 눈물 흘린다

월영대(月影臺)* 고요한 곳 쌍쌍 모인 귀뚤이들
얼씨구 두견마저 장단 맞춰 노래하는
이슥한 밤까지 혼자 임 기다린 들국화야.

* 월영대(月影臺) : 달 그림자가가 비치는 둑담.

내 사랑

훈훈한 냄새 풍겨 찾아온 내 사랑아
변한 건 없는데도 더더욱 유연하게
살포시 내 마음 앗는 혼들의 꽃인 기라

향기도 출렁이고 이 몸도 끌려가니
매사의 그대 품에 포근히 잠들고파
오늘은 그리운 시간 진정코 갔나보다

모습도 그대로요 성품도 예 대론데
세월의 덧정마저 볼 때면 생동감도
얌전한 몸매 간직한 내 사랑 영산홍아.

내리는 빗소리

우리 집 창문에는 내리는 빗소리가
유리창 깨질 듯이 소리마저 요란한 데
강물로 떨어진 빗물 흔적은 지워지고

매화는 목욕하나 요란히 들려오고
볏논엔 뜸북 울음 마을에 진동하니
농부는 삽 둘러메고 일손 보는 참인데

행여나 방천 날까 물꼬를 급히 보고
한숨은 걱정부터 꺼지질 않는데도
여념은 비둘기 마음 콩밭뿐인 듯하네.

落照
낙조

바다 호젓한 길 연인과 거닐 때면
즐비한 풍광의 멋 한눈에 사로잡는
바다의 고래 때들의 놀라움 보는 고야

수평선 저 먼바다 집 한 채 보인 듯이
떠가는 무궁화호 뱃고동 소리 내며
목적지 찾아간 기선 뒤에는 갈매기 떼

청해의 깊은 곳엔 고기 떼 이채로움
사방엔 운산으로 엎드린 흑룡 등들
햇살이 낙조에 흠뻑 젖은 아름다움아.

날 청한 참이슬

날 청한 아인녀방 참이슬 황금이라
그녀를 마주하니 눈썹달 반짝이며
유혹을 하는 모습에 나그네 조심하이

가슴은 미어지고 생각은 타는 불꽃
매화의 사교술의 진한 정 덫에 걸려
사내의 황홀한 얼굴 접고서 말았으랴

다음 날 매화 불러 속마음 읽어보니
붉게 탄 입술에서 숨이 차 끄지 못해
다독여 달래놓으니 꿀단지 녹인 기라.

우연한 가야금

借玲
우연한 가야금을 구했기로 한 차령* 타
崇舞心
우리 얼 음률 따라 저절로 난 숭무심*아
古風一端
가락은 자지러지듯 고풍일단* 녹이는가

그렇지 오래도록 열두 줄의 가락 소리
터득지 못했거늘 이재서야 알았으니
이 밤이 지새우도록 신나게 맘껏 타리라

줄타기 시름일랑 가누워서 타는 고야
기분 내 아름 살짝 튕겨보고 흥 돋우어
一聲浩歌
즉흥시 일성호가*로 힘내어 읊어보리라.

* 한 차령(借玲) : 옥소리 같은 아름다운 소리를 한바탕.
* 숭무심(崇舞心) : 숭고한 마음으로 춤을 추듯 키다.
* 고풍일단(古風一端) : 옛스러운 모습으로 한끝을.
* 일성호가(一聲浩歌) : 한목소리로 힘껏 부를 좋은 노래.

제3부

독도

獨 島
독도

한 맺힌 일제 치하 연초 놋쇠 식량 공출
울분을 참아 오던 고초 망상 절규 "광복"
결국은 남북 두 동강 잘린 실타래 성상아

우리의 부모님이 그 억압에 끌려가고
무지의 쌩 억지 속, 구타하고 징용 사망
그 숱한 세월 세태에 헐벗고 배를 곯았지

그러나 우리 형제 굴하지도 아니했던
海中　波守兵　寶物
해중의 파수병의 보물 독도 우리 영토
四時 永劫　剛志
대한의 사시 영겁의 입지 갖춘 강지 빛난

교감한 동해바다 자손만대 평화통일
不滅　信望愛　忍冬　矜持
불멸의 신망애*의 인동처럼 긍지 품고
東方 叡智
아름찬 태극 깃발과 그 위상 동방 예지*여.

* 영겁(永劫) : 영원한 세월.
* 신망애(信望愛) : 믿음, 소망, 사랑을 아울러 이르는 말.
* 예지(叡智) : 날카롭고 뛰어난 지혜.

독도(獨島)는

태초의 불철주야 만겁 속에 조선 이름
물 위로 내민 얼굴 그 홀로서 굴함 없이
지금껏 수호신으로 굳센 자태 드높여 왔다

일제의 모진 치하 수전(水戰) 설음 겪어오며
수절(殊絕)의 독도 일상 수화(羞花) 폐월(閉月) "한국의 얼"
악호(惡虎)가 항문에 싼 똥 그 보물 "대마도"라고

쇠창에 쑤시던 그 망둥이 놈들 치고서
무엇을 안다 하고 소갈머리 드러내나
세계에 독도 선포해 삼키려 한 쪽발이들.

* 수화폐월(羞花閉月) : 달이 숨고 꽃이 부끄러워한다는 뜻으로, 절세미인을 비유해 이르는 말.

독도(獨島)가

일제 치하 억압 설음 공출과 숨겨 논 쌀
빼서 간 일상으로 수화폐월 삼십육 년
그동안 우리의 얼로 호랑이 등 뒤 보물로

태초부터 불철주야 만 겁을 외롭스리
삼 형제 이름으로 우뚝 떠서 자태 폼 내
외로운 수호신으로 오늘날까지 서 있다

노장은 진심으로 하고픈 말 한마디
쪽발이 나이 어려 호적엔 잉크 안 말라
분명히 대마도 땅도! 조선 땅 유배지(流配地)였다

호랑이가 싼 고구마 땅 세계가 안다
우선은 아무 말도 하지 말고 넘어가자
조용히 살자고 하는 이해의 경고장이다.

獨 島
독도란

보아라 사방으로 파도 침식 만들어 낸
천해의 선물로써 아름다운 값진 독도
바닷속 보물의 어장 침탈하려는 망둥이

억 년을 보내면서 살아온 소용돌이 친
瀝瀝鳥 高空飛行 愛國歌 東海
역력조* 고공비행 애국가로 동해에 산
굳건한 해중 보물로 독야청청 무궁화여

이방의 멧새 쉼터 홀로 있는 너의 고독
달래기 위해 밤낮 파수병들 수호하고
우리는 말을 아끼며 참고 살아가고 있지.

* 역력조(瀝瀝鳥) : 산이 높아 바람 소리 물소리 새소리 징경이 소리.

독도(獨島)여

여기는 아득했던 태초의 대한민국
표상(表象)이 절이(節異)* 하여 회귀조의 서식처요
바닷속 천혜의 보물 우리가 지키고 있고

이방인 관광특구 독도의 노랫소리
잡초도 춤을 추고 새들 향락 세월 오늘
동해에 독야청청을 폼 내면서 살아왔던

대마도 진심으로 해 둘 말로 선을 긋자
언젠가 후대들 꼭 찾아야 할 고구마 땅!
분명히 대한민국 땅! 명심 또 명심해 두자.

* 절이(絕異) : 아주 훌륭하여 뛰어나게 다름.

獨島
독도만은

이름도 거룩하고 아름답고 귀한 얼굴
하늘도 지켜주는 이방 새들 쉼터 요지
그리고 대한 수호신 밤낮으로 안겨주는

국보로 자고이래 단군 사직 오천 년사
지녀 온 하모니의 물소리와 새들 노래
오늘도 당당하고도 태극 물결 드높이고

유구한 역사 귀물 옥에 티의 무궁화로
귀염을 받는 얼의 칠십 성상 꽃 피우며
이방의 멧새도 잠깐! 얼싸안고 펄친 향연

쪽발이 네들에게 선을 그어 경고한다!
한국의 귀물 독도! 호랑이 똥 대마도를
다시는 헐뜯는 소리 광란 탐욕 자제하라!.

독도라 함은

추가의 할 말씀은 우리 백성 이조조선
부르다 대한민국 이름까지 지녀온 것
사실은 온 천하전쟁 몸을 받친 영령들은

어디서 어디까지 한국 땅이 분명하다
알고서 가신 영령 말이 없는 지금 세상
분명코 독도란 이름 지울 수 없는 우리 땅

세계에 내놓고서 물어봐도 알고 있고
우리의 황금어장 돌땅이요 오천만의
재산을 넘보지 말고 예전 한계 넋 혼으로

다시는 말말 말고 사람답게 살아가라
역사가 말할 거다 네 족보에 피 안말라
역사를 모르고 사는 네들에게 충고한다.

그 이름 독도

천지가 무너져도 사랑할 조국의 해지(海地)
파란옷 단장하고 곱다시 이어 온 이름
외로이 지켜 살아온 아름 타 빛낸 이름을

수억 년 그 문패로 이어 온 대한의 귀물
만지면 만진 대로 그 이름 만건곤한 너
천해(天海)의 울릉도 독도 대마도 제주도 사형제

생김새 쪽발이여 넘보지 말 지어 돌땅
다시는 건들지를 입 밖에 꺼내지 말라
대한의 그 이름 독도 영원불멸 보물 사랑.

구름에 실린

구름에 실린 세월 묻혀가는 흐른 역사
덧없는 풍상들의 괴로움인 흔적인가
가누어 가다 보며는 희망 또한 오려나

정열의 시공간은 끝이 없는 인생 소설
경랑의 바람서리 겪어오던 세로에서
나그네 풍년거지*에 풍 떨다 가려는가

더불어 사는 사회 해박하신 현인 군자
그 시대 남기고 간 시적(詩的) 사상(思想) 발자취는
절절히 귀의 감명을 읽고 또 읽었나니.

* 풍년거지 : 뭇 모든 사람이 다 이익을 보는데 자기 혼자만 빠져서 이익을 보지 못하는 사람을 이르는 말.

넋 잃은 홀아비

모란이 핀 텃밭에 밤이슬 먹으면서
떠오른 달빛 아래 긴 세월 시련 겪고
활개 펴 봄을 맞은 너 가녀린 몸 앓이여

아 그저! 호운(好運)처럼 돋우어 화색 깔린
자태도 탐스러운 그윽한 향기로움
건넛방 아낙 마음을 울린 스친 바람아

한사코 유혹하는 네 모습 놀라워라
그 또한 기다림에 사모한 마음 터에
넋 잃은 홀아비의 정 술잔에 지새인다.

만경강

밤낮을 멎지 않고 조수의 읊은 소리
갑자기 차가워진 밀물이 흐름인지
늦가을 황가로 변해 조용히 바람 자네

기러기 떼들 모여 해 질 녘 어둠 속에
훨훨훨 멋진 행렬 팔자로 둥지 찾아
밤하늘 아우른 운치 기 실어 날아가네

둥지의 종점까지 얼마나 멀고먼지
기교가 대단함을 표현도 못 하지만
만경강 국화 생각은 머리 긁고 말았네.

九 官 鳥
구관조

월백은 하늘에서 외롭게 춤을 추고
대나무 독야청청 청풍을 과시하듯
産月 想思苦
구름은 산월 상사고* 천지를 진동하네

인연돼 니캉내캉 만나서 목청 높여
홀리는 속사정은 시들은 서리 백발
만남도 모른 처지에 장대 눈물 흘리나

水見 雁
수견 안 강변 절벽 뱃놀이 일색 자랑
丹心歌
구관조 흥 돋아낸 단심가 천하일색
腎氣
신기의 그 정 달구려 유혹하고 있거니.

* 산월 상사고(産月 想思苦) : 아이 밴 것처럼 생겨 연병을 하듯 함.

八色鳥 팔색조

생각은 한 올만큼 깊은 밤 불 지피며
달빛은 제 마음껏 재롱떤 모습이요
어찌해 사로잡으려 잠길을 찾아오나

그토록 애증 싸둔 앞날의 고귀한 정
내 가슴 수평 멀리 파도 돼 일렁이고
그대의 깊은 생각은 내게로 침노하나

꽃밭을 피하지도 못하는 이 심사는
고고한 향기 풍겨 다소곳 다가오니
팔색조같이 보이매 어이할 바 잊었죠.

鬼哭鳥
귀곡조

음산한 밤이 오면 싫어증 나는 소리
온 천지 밝아온 데 무엇에 생각 젖어
그리도 자지러지게 구슬피 울어대나

달님도 하늘에서 밤마저 환히 비쳐
별 무리 반짝이며 친구 돼 춤추는데
그토록 영혼의 소리 사랑 못 잊음이여

처량한 구애 솜씨 들으려 모여 듣고
사연을 모르지만 이별도 아니려니
으슥진 골 홀로 앉아 임 기려 노래하나.

瀝 瀝 鳥
역력조*

온 세상천지 만물 어우러 사는 계절
춘몽의 꽃 꿈속에 실려 간 인생 수명
外感之情
나눔도 외감지정을 녹이는 봄날이여

언제나 변함없는 너 같은 삶 누리며
千萬 夢
천만 몽* 창조하여 천만년 가고 와도
벗 삼은 들꿩 소리와 꾀꼬리 벌레 소리

만물의 수면 장수 꽃피고 잎 튄 낙화
값진 꿈 인생살이 꽃피듯 살고지고
永生
세상사 역력조 함께 영생하면 좋을걸.

* 역력조(瀝瀝鳥) : 산이 높아 바람 소리 물소리 새소리 징경이 소리.
* 외감지정(外感之情) : 외부의 자극을 받아서 일어난 정.
* 천만 몽(千萬 夢) : 우주 만물의 그 생명의 충동에 의해 진화한다는 셀 수 없는 꿈.

불사조(不死鳥)

꽃들도 피지 않는 속에 웬 뉘 향기며
숲 풀만 무성하게 저리 자란 향기라도
임자가 없이 자라서 고개 숙여있는 건가

어디서 비롯하여 강물은 흘러가며
흑진주 꽃향기의 열열한 연가(戀歌) 실어
그리도 달콤한 사랑 받고자 한 꿈 이런가

그렇게 피고 지며 가는 것은 인생 항로
순리의 열애적인 향몽(香夢) 맛본 남녀사랑
정열의 불사조 같은 꿈을 안은 여생이여.

風塵世上
풍진세상

세월은 흘러간 쌈 삼백주 주색잡기
選良人
선량인* 골프장에 꼴뚜기 쌈질이요
오고간 눈총 질 속에 허송세월 보내는가

인골은 늙어가고 녹수는 흘러가니
萬彙群象
나라의 만휘군상* 성실히 추슬러서
正史
후세에 물려줄 정사 해놓은 것 없음인데

골골의 대나무는 푸르름 절개 품고
장송은 사계절을 독야청청 엮는데
生苦
생고의 풍진세상은 조용한 날 언제 올꼬.

* 선량인(選良人) : 뛰어난 인물을 가려 뽑음. 또는 뽑힌 인물.
(국민이 뽑아 준 국회의원)
* 만휘군상(萬彙群象) : 세상 만물의 현상.

꼬치방 호프

천하의 일색인가 정말인즉 잘 났구려
차려온 진수성찬 단둘이서 먹는 건데
참이슬 술잔 속에는 꽃이 떠 희롱할 제

속마음 마셔가며 이 밤새껏 취중에서
덕담의 웃음소리 삼경 되니 달이 뜨고
네 볼은 연시 되어서 간장을 태우는 중

눈치를 가누고서 시샘티를 어이 하리
간판 보고 들린 것이 우연히 인연 된 걸
꼬치방 호프의 꽃이 통사정 길은 멀고.

빛나는 마음

빛나는 마음속에 꽃처럼 피어주는
고운 말 쓴다는 건 두뇌의 통증이라
나그네 우러러보며 읊어 여길 것이요

사랑의 덧정처럼 고귀한 정열 품은
진리의 시어(詩語)들은 마음의 보약이요
진정한 지인용진력(智仁勇盡力) 거울이 될 것이요

시성(詩聖)의 고은 시심(詩心) 세상이 밝아지고
구슬과 주옥(珠玉)같이 빛나는 시어(詩語)임에
세상을 밝게 한 시는 억만 번 읽으소서.

여름날 강태공

철쭉꽃 자연 강산 아카시아 은은한 향
폭염을 마다한 비단처럼 만개한 데
취경 엔 가리지 못해 어찌하면 좋을꼬야

파도에 철렁철렁 스러진 돌 좋아하다
그리움 메아리 낚아채고 울려가니
시간의 보물 낚는 꿈 세월 속에 잊었는가

술이란 취하며는 혼수상태 천지 모른
잔술을 들고서 낮밤인지 분간 모른
여름날 강태공 낚시 해지는 줄 잊었는가.

칠갑산

칠갑산 가는 길에 내 마음을 사로잡네
제 잘난 꽃게도 망둥이도 저 잘났다
눈시울 크게 뜨고서 희롱야롱 하는가

잠깐 사 속마음을 생각하고 어이한담
나는야 네들 마음 모르는 척 돌아서서
한동안 너덕바위에 짬 내어 쉬었느니

하행 길 딸기꽃이 홀리더니 다방 들려
차 한 잔 시키고 웃겨대는 속마음을
더티의 야릇한 생각 웃음으로 피웠네.

風餐露宿
풍찬노숙*

여름이 왔나 보우 모든 산하 벌레 소리
범나비 여기저기 이산 저산 꾀꼬리도
자연을 아름답게도 목청껏 노래하네

이승의 꿈의 귀향 생각나는 초가집도
떠난 지 몇 해 련가 짧고도 긴 세월이
선산의 선조 님 뵙고 타향으로 돌아가네

뒷동산 산비둘기 구애하듯 울어대니
징경이 임을 찾아 밤새도록 슬피 울어
나그네 풍찬노숙의 잠 못 이룬 모기떼.

* 풍찬노숙 : 바람에 불리면서 먹고, 이슬을 맞으면서 잔다는 뜻으로, 떠돌아다니며 고생스러운 생활을 함을 비유해 이르는 말.

芙蓉花
부용화

그리움 묻어놓고 노을빛 수를 놓은
후미진 계곡에서 호시절 만나듯이
한때의 곧은 절개로 사랑받던 그 인상

그토록 정갈하게 옷차림 단장하고
진정코 지순함이 뽀얗게 피어나면
고귀한 여류작가가 빛을 받을 여생아

부귀를 못 누리던 그 비밀 뉘가 알랴
그래도 희망 품고 길러 논 아름찰 걸
후세에 남겨주려는 경화 같은 부용화.

新韓國讚歌

신한국찬가

— 김영삼 대통령에 보낸 작사(1993년 8월 30일)

檀君聖祖 世界 大韓民國
단군성조 세워주신 세계속의 대한민국
殉國先烈 承奉 百世治教 民族精氣
순국선열 승봉의얼 백세치교 민족정기
治國根本 太平聖代 史有三長 六元德
치국근본 태평성대 사유삼장 육원덕
四民平等 安寧秩序 先己後人 四德
사민평등 안녕질서 선기후인 사덕으로
四計行政 設計史觀 福祉國家 推進
사계행정 설계사관 복지국가 추진하자

民主主義 人衆勝天 三思三端 正道
민주주의 인중승천 삼사삼단 정도의길
大韓聖地 坊坊曲曲 選良人 信望愛
대한성지 방방곡곡 선량인은 신망애로
法政綱 民以爲天 共生共榮 慈愛心
법정강은 민이위천 공생공영 자애심
忍之爲德 公德知行 聖神盛事 十二效
인지위덕 공덕지행 성신성사 십이효로
四面春風 不惜身命 國風醇化 實踐
사면춘풍 불석신명 국풍순화 실천하자

禮儀之國 大同團結 世界 法道
예의지국 대동단결 세계으뜸 법도지켜
民族精神 百年大計 不遺餘力 公職倫理
민족정신 백년대계 불유여력 공직륜리
大道無門 改革新政 未來志向 新韓國
대도무문 개혁신정 미래지향 신한국
文化藝術 交流 四大交隣 三本
문화예술 교류하고 사대교린 삼본으로
異邦人 門戶開放 一眞法界 創設
이방인에 문호개방 일진법계 창설하자.

제4부

욕망을 품은

욕망을 품은

욕망을 품은 희망 명예를 아름답게
생명의 이름으로 씨알의 영광 위해
황홀한 기상 의지를 힘 실어 주었으니

솟는 힘 정열 속에 마지막 종점까지
살아서 꿈을 닦아 지상에 남겨놓고
우러러 이어져 나갈 거울이 되게 하며

세기를 빛나게 할 우리 얼 표백(表白)* 나고
그 이름 영화 탄생 지표로 삼께 하여
한 점의 그릇됨 없이 빛 남겨 두고 가리.

* 표백(表白) : 생각이나 태도 따위를 드러내어 밝힘.

할미꽃 연정

검붉은 낯빛으로 그 무슨 한을 토해
첫봄의 이승 찾아 성급히 피어나서
그렇게 하늘 할아비 생각에 한 맺혔노

그래서 모듬으로 양지 밭 넓은 자리
외롭지 아니하게 팔짱을 끼고 서로
입 벌려 하품하면서 황금을 보라 하나

훈훈한 봄바람에 그리움 고개 숙여
황금니 다 내놓은 할미꽃 연정이라
늙어도 사랑이란 걸 잊지 못하는 것을.

꽃다운 생애(生涯)

어려서 이름 있는 무궁화를 둘로 나눠
한 뿌리는 대문 앞에 또 한 뿌리 정원 뜰에
정성껏 시차가 없이 심어 놓았던 두 곳은 왜

새벽의 뫼 캄캄할 제 새벽녘은 만만한데
세 차(歲次)에서 일찍 피고 날씨 차에 더디 피는
세상은 꽃다운 생애 필요한 물 자양인 기랴

인생들도 젊어 부터 갈고닦은 그때 없이
생애 길을 걷다 보면 유전 형질 차이 있듯
시(詩) 한 수 학산 거목은 변천하고자 써본 기라.

생각 깊은 나그네

남도의 민요유락(民要有樂)* 고을의 창과 풍류(風流)
삶 넘친 보성문화(寶城文化) 오가다 발길 닿아
고향을 비껴가는 길 한바탕 같이하리

이러한 삶의 추억 영원히 남을 터에
영원히 깊은 인연 고금에 드문 일을
흥취(興趣)와 술 한 잔에서 마음껏 놀아보세

세상엔 좋은 일의 기회가 어디 있나
술잔을 주고받고 인연을 맺은 것도
오늘의 하루인 것을 생각 깊은 나그네.

* 민요유락(民謠遊樂) : 한 겨레의 인정, 생활 감정 따위를 나타내며, 민간에 전하여 오는 순박한 노래로 놀며 즐김.

무전여행

호젓한 모래톱을 걸어간 의기남자
옛사랑 못 잊어서 흐느낀 가슴앓이
활력소 굽이굽이엔 무시한 생을 맞네

낙엽을 밟고 가면 처량케 들린 시어(詩語)
어이해 갈잎 되어 너마저 흩어지고
떠돌이 무전여행에 상처받아 울고 가나

밤길을 걷다 말고 시름의 애처러움
강 위의 흘러가는 떡갈잎 한(恨) 노래에
홀로서 사위스러운* 길 걷는 소객이여.

* 사위스러운 : 미신적이고 불길한 느낌으로 인해 어쩐지 마음에 꺼림칙한 면이 있다.

매화

사붓이 아장걸음 내 시선 홀리는가
마주쳐 교차된 너와 나의 눈망울이
말없이 빛난 미소가 스스럽게 유혹해

일상은 무엇에! 허름한 옷 아우거리
고결한 그 모습 호미 끝에 해가 지고
매화의 웃는 얼굴이 희망찬 삶이려니.

억새꽃

바람에 나부끼는 네 이름 억새꽃이
세월에 쫓겨 가는 무거의 바람둥이
가다가 뒹군 모습이 애성이듯 보이리

그렇게 겉늙어서 쉽사리 가게 되니
나 홀로 떨어져서 어떻게 살라 하나
정처도 알 길 없는데 어딜 가면 만날까

말없이 떠난 사랑 아쉰 맘 두고 가니
미움은 세월 속에 밤마다 들먹일 제
한없는 밤 불청객의 베개 눈물 애화(哀話)여.

유채꽃

— 제주도 가족관광여행

제주도 청정해역 부서진 파도 소리
해안의 검붉은 땅 유채꽃 수를 놓고
자연이 빚어낸 색채 향냄새 천 리 갈 제

연연히 이맘때면 대지를 물들이고
신혼의 부부들이 담아낸 이 사진첩
영원히 파뿌리까지 흔적으로 남으리

한 쌍의 꽃과 나비 인연의 언약 맺어
부귀와 공명 영화 꿈 일궈 살으리요
인간사 역경 속에서 사랑도 피우리라.

경천애인(經天愛人)

멀고도 먼 타향에 당도해 젖은 마음
이 몸을 잊으리야 생각이 나는 것은
그리운 가족 식구와 다정한 친지들을

연약한 그 연정에 천리향 보냈건만
받지도 못했다고 원망만 하는 건지
줄줄이 흐르는 눈물 걷을 수 없네그려

사랑은 이런 것을 이제야 정 깊음 안
라일락 향기 품어 잠이나 들다 새면
나는 요 경천애인(敬天愛人)의 시문(詩文)을 읊어주리.

언(言) 충(忠) 효(孝) 못했던

비리재 누워 계신 선산의 선조 님을
예던 일 이어받아 맘 다해 모시려던
이제 와 상석 돌 놓고 말없이 지키네요

고생은 복이 되고 가도는 훤칠하여
남들은 말하리라 마음씨 그리워라
누구나 이 정성 모아 어즈버 섬기려니

언(言) 충(忠) 효(孝) 못했던 길 이제야 깨달으니
이 좋은 뉘우침에 부귀도 더할 것을
벽옥산 방죽 못에다 이 마음 빌어보리.

피었다 져 갈

떠돌다 쉬어가는 낯설은 타관 길에
끼니도 굶주리며 처절한 노숙 생활
뉘라서 이 사연 알랴 구정물 한 잔 불꽃

수신(修身)을 억제하며 가다 쉰 발길이여
해 지면 구덩이에 촛불을 친구삼아
외롭고 쓰라린 심정 해처럼 타는구려

저렇게 높다란 집 하늘만 바라보듯
나그네 칼의 날이 무뎌진 저승꽃이
피었다 져 갈 날들이 눈앞 손짓하는데.

태어난 혼

행여나 하고 살자 고독의 씨 하나 맺을
보이지 않는 나의 품은 보물 영원토록
꿈 자락 고향산천의 학이 되어 날아가리

선조의 뒤를 이어 봉화산과 백옥산의
웅장한 학의 나래 자리 잡은 들독거리
그 이름 하야 거석리 후손으로 빛이돼리

넋, 흔적(痕迹) 천조(天助) 님 덕 성인(聖人)이 된 후대 이어
태어난 혼 천만년 얼 보듬어 빛난 영예
무궁한 학산 거목의 금자탑을 보전하길.

確乎不拔
확호불발*

고을의 낙락장송 꾀꼬리가 집을 지어
고은 털 자랑삼고 신명 나는 목청으로
인생 곁 낙시조 읊다 어데로 가려 하나

실바람 간지럽듯 부드럽게 불어오고
시아를 매워 싸준 햇살처럼 희망 품어
굳건한 모습 기필코 남아로 걸어가라

삶의 길 험하여도 쥐구멍에 볕이 드는
그날이 오는 때가 문전 앞에 비치려니
고고한 비련의 꿈은 확호불발(確乎不拔) 살으료.

* 확호불발(確乎不拔) : 아주 든든하고 굳세어 흔들림이 없음.

오늘밤 애저구이

술 한 잔 청하고서 잊으려 쌓인 번뇌
취하면 흥이 돋아 무상의 세상이라
인생사 태평 가락이 절로절로 나느니

사랑도 감돌아서 불꽃이 희롱하니
명월은 낙락장송 걸리어 시름겨워
스산한 밤바람 속에 소란치는 치마폭

부어라 마셔보자 이 밤을 마셔보자
어울려 야광 명월 꽃 속에 삼경까지
오늘 밤 애저구이에 주색잡기 하자네.

寶城江 七百 里
보성강 칠백 리

청록빛 구렁이가 주암으로 기어가고
뱃길을 몰아가도 아는 이는 하나 없어
그 뉘를 만나볼 수도 부를 수도 없는 신세

그러나 감동 주고 인사하는 멧새이고
주막에 주인 불러 술잔 논다 곤한 잠이
실수를 한 마음 아파 서운했던 그 미련이

무정케 미쳐버려 하늘만을 쳐다보다
향수의 꿀잠에서 또 미친 듯 웃어 댓 던
옛날의 고향 친구도 없음이라 적적하고

그러니 그지없는 병주고향 돌아갈까
어두운 나의 향수 어둠 안고 헤매어도
보성강 칠백 리 길에 달래준 이도 없으메.

고향의 물레방아

떠나온 산자락도 어렸을 때 그대론데
내 살던 그 형상은 간데없는 옛집이여
대나무 숲의 새들은 옛 그대로 하모니여

하늘의 장어구름 메 준령을 펼쳐 흘러
낚시를 드리웠던 냇물 모습 어데 가고
순희와 마주 앉아서 희락의 덧셈 하던

무엇이 나를 잡고 덧붙다가 뒹굴어진
희설의 덧없었던 그 시절은 가슴 울린
고향의 물레방아도 흔적인들 보이잖네.

어버이

어버이 살아 실제 사용했던 초립 모자
형형색 알록달록 조상께서 물려주신
우리 멋 조선 시대에 사용한 귀물인 걸

억압의 일제 치하 너무나도 내 어렸던
그 시절 풍습 비화 알쏭달쏭 아롱거려
어버이 삶의 귀하신 양반 집 귀물인데

그렇게 욕심나던 그 물건을 뉘 줬나요
어버이 생각나면 귀한 물건 생각났던
그 값진 초립 모 갖신 머리에 아롱거려.

첫사랑

그 몸이 달아오른 뼛속까지 품어주고
내 좋아 알뜰하게 무지개색 그려내며
영원한 임의 품에서 그 열정을 노래하듯

성스런 몸속에다 흐른 정열 모아 안고
천 년을 몸담아서 마음 열고 맞이하는
기약의 부부 일신을 영원토록 맹세하면

연지와 곤지 바른 미녀께서 오신다면
청춘의 여정 생활 야울야울 이어가며
만년설 녹아들듯이 아낌없이 사랑하리.

여수항

— 전남 여수 가족관광

이 세상 물들이는 아지랑이 탄미의 봄
겹겹이 분홍 꽃잎 정다웁게 보듬어서
수평선 저 멀리 향을 선사하는 파도 소리

따뜻한 남쪽 나라 여수항을 가보세요
해조음 울음 따라 동백꽃도 활짝 피고
風 高 下
풍고하* 갈대의 노래 계절 따라 춤을 추죠

억만년 유업 두고 그 무엇을 남겼나요
백제의 찬란한 빛 빛나던 넋 어디 두고
흔적은 바람서리에 흐느낀 세월 가는가.

* 풍고하(風高下) : 한 해 동안의 기후를 말함이요, 봄과 여름은 바람이 낮고, 가을 겨울은 바람이 높은 철.

보고 싶어요

세상을 한 번 왔다 가는 인생이라 했지
누구나 다 같은 맘 아닌 사람 없는 것을
백 년을 해로하고서 생의 마감 약속인 걸

이렇게 태어나서 하늘이 준 첫사랑인
연분인 원앙새요 부귀공명 나눌 진 데
그대와 헤어진 지도 오래이긴 하지만은

어이타 이리됐나 너무나도 보고 싶어
잊을 수 없는 천륜 지울 수도 없는 생애
원앙새 같은 네 마음 꼭 한번 보고 싶어요.

양귀비 여랑

지금도 그 자리에 타악기 하모니로
그리움 낚으면서 옛사랑 불러보는
건반에 쏟아낸 열정 뉘를 주려 하는가

보고픈 시간마저 언제나 무정하고
세월은 자나 깨나 쉼 없이 접어갈 제
애간장 태워 말리는 이 마음 알고 있나

간간이 생각나는 그리운 이름이여
그때의 그 모습인 우아한 향 뿌린 꽃
마음을 울린 기교는 서글픈 임의 노래

오늘도 무정 하는 그대의 블루스여
보이지 않는 모습 그려본 휘몰이여
내 뉘라 늘 푸른 음악 양귀비 여랑이여.

일장춘몽

이끼 낀 바위틈의 오랜 고색 읽으리오
봄날의 화창함이 공산마다 가득한 데
골산에 풀 마주하고 그리움 달래는가

그날이 오던 날에 그 자리에 와서 보니
흔적은 없어지고 할미꽃만 애처로워
옛 얘기 봇짐을 풀어 회상 속 잠기는 맘

인생도 활기 품고 살아가야 하는 건데
청운도 일장춘몽 잔주름만 얽었으니
꼭 한 번 그 꿈 이루려 창천 구름 타 보리.

제5부

묵계의 향루

지금껏 홍일점

백제 때 세금현의 신라 때 양무군에
이태조 진도합병 해진군 독립시켜
고려 때 해남군으로 영암에 속했던 곳

몇 겁을 흘러왔나 울창한 노송나무
두륜산 그대로이 예대로 오늘이야
기암석 병풍 같음에 늠름한 모습일세

넓두리 이 절경은 대흥사 몫이 돼어
고려 때 이름하야 해남군으로 불러
지금껏 홍일점으로 오늘에 이르르고.

새벽녘 예불심

새벽녘 예불심이 황가의 고요 명상
비구니 비구승들 석목탁 법고 소리
웅장한 범종 소리에 금강지 낭독하니

산사의 고즈넉한 호젓한 사찰마다
그윽한 풍경 소리 새벽녘 올린 참선
명상의 계곡물 소리 천불과 읊조리고

고산의 주령마다 황가가 조아리니
시름 진 잎새 바람 무거에 불심 지고
金容 　　 僧規 　　　　 無明世界
금용* 앞 승규*의 예불 무명세계* 공덕심.

* 금용(金容) : 황금빛이 나는 부처나 보살의 얼굴.
* 승규(僧規) : 승려가 지켜야 할 법규.
* 무명세계(無明世界) : 마음이 사견이나 망집으로 인한 번뇌에 사로잡혀 헤매는 고뇌의 세계.

묵계(默契)의 향루(鄕淚)

묵계의 향루 같은 이 폭포수 저 소리에
숲속의 새들 탐닉 여념 없는 구애 노래
회고담 원효대사의 뒤안길이 서려 있네

해룡사 뒤뜰 길이 이 웅진의 소요산아
오백계 부처들이 인간 위해 심력 다 할
혼신불 소요암에서 빌어보는 무한세계

이르러 생생하게 이 불심을 올리던 날
본 일체 더불어서 구름들도 황혼의 꿈
온 세상 삼라만상이 천신의 다스림일 제.

東天
동천에 읊어 올릴

동천에 읊어 올릴 한 편의 시를 안고
뿌듯한 가슴으로 천신께 올리려고
정갈한 석간수 씻고 불심 앞에 비나니

加被力 加行
가피력 주오시면 가행의 깨달은 이
覺海 開心 歸命
각해를 진리 따라 개심도 귀명 하리
護法 同心 同行
호법*의 동심 동행은 공덕심 쌓으리라

병이나 재앙들을 위하여 올린 불심
法性
스스로 깨달음을 법성에 번뇌 잊고
古佛心 空卽是色
고불심 공즉시색*을 개선하는 진리여.

* 호법(護法) : 악마나 질병을 물리치고 불법을 충실히 지키는 일.
* 공즉시색(空卽是色) : 중이나 만물이 모두 인연화합으로 말미암은 임시의 존재[空]이기는 하나 차별의 현상[色]으로 존재한다는 말.

지리산

웅비의 나래 활짝 영산의 지리산아
구렁이 닮은 강이 유유히 흘러가고
요람의 불교문화인 신비를 계승하리

화엄사 천은사와 연곡사 영산자락
태고의 신비 살아 정기가 포근하고
뻗어진 능선 자락은 백두대간 안고서

몇 겁의 나부신의 고사목 장관 일러
넋두리 노고단의 운해와 피아골과
반야봉 낙조세석은 나그네를 붙잡네.

順 天 灣
순천만*

그립다 칭찬하고 내 몸에 풀어야 할
풍만한 수심 밭을 안위도 못 할 용서
열정을 캐내 담아서 너와 나 살고지고

하늘은 청명하고 갈매기 노래하는
고독의 한순간을 향기로 시를 쓰고
그리움 만들어 늘상 불러볼 순천만아

한 폭의 그림 같은 갈대밭 속의 환희
간직한 넓은 갯벌 인생의 활력소요
오늘도 순천만 수호 고요를 느끼면서.

황성옛터

황성의 옛터라고 세속에 늙었느니
월색도 고요롭게 옛터에 하늘이고
슬프디슬픈 마음은 역사 속에 잠자고

세세 년 흔적마저 비바람 스렀는가
나그네 눈초리는 하나둘 알려 해도
그 옛날 돌아본 마음 전설로만 들었지

말하여 주지마는 그 시절 전쟁 혼을
볼 수도 먼 옛날인 이야기 전해온 것
이렇게 허무하게도 망하고 말았던가.

피아골

— 가족 관광 지리산에서

이름을 부르기가 너무나 원통하다
전쟁의 골육상쟁 남북 간 그랬음이
골짝의 죽은 원혼이 한을 품고 있으리

지리산 피아골로 불러진 이름이여
그 이름 빛날지니 묵념을 올립니다
덕분에 살아간 정신 혼령들의 덕이죠

잠깐사 연곡사에 들려서 영혼들께
불심을 참불하여 들이고 발길 옮긴
피아골 천상의 구름 무례함 띄웁니다.

바람도 창가에

잠속이 어수선해 잠자리를 뒹굴었나
허공에 떠다니나 허탈해서 마음 비고
누우면 잠이 오지도 않기에 지새울 제

새벽 찬바람 불고 멧새 떼가 밤을 깨니
산골짝 흐르는 물 불경 외고 흘러가고
바람도 창가에 와 봄소식을 알려 준 너

산사의 타종 소리 낙낙하게 울려갈 제
틈새로 스며드는 향 내음이 그지없어
일어나 메 능선들을 바라본 넋 잃었죠.

만뢰(萬籟)가 유수(幽邃)함이

만뢰(萬籟)가 유수(幽邃)함이 해탈(解脫)을 벋기는 가
하늘의 다스림이 사리(事理)도 밝아온 데
겨울의 섭리에 문을 살며시 닫는 소리

녹수가 나부끼며 천지에 비단 깔아
온다는 입춘 따라 산기슭 조화롭고
초토(蕉土)에 영성(靈性)* 한 절애(絕崖)* 소생한 진달래꽃

쫄쫄쫄 지향 없이 쫠쫠쫠 수로만리
아낙의 빨래하는 방망이 소리소리
영롱한 불심의 해탈 소리가 들려오네.

* 영성(靈性) : 신령스러운 품성이나 성질.
* 절애(絕崖) : 깎아지르게 솟은 낭떠러지.

암자의 종소리

시냇물 흘러가던 돌다리 끊어지고
먹구름 지나가니 우박에 대나무 친
집안의 감나무가지 와장창 부러지고

하늘이 무정하게 소나기 비를 뿌려
암자의 종소리가 세속에 알리려고
그토록 통곡 울려서 메아리에 짓쳤네.

도림사

섬진강 보성강은 유유하게 만나 흘러
암반에 글귀 새겨 풍류 즐긴 선비 있어
그 자국 짚어 간 사람 감상하고 돌아갈 제

도림사 계곡 따라 산세마저 장쾌하고
신라의 무열왕 때 원효대사 세운 고찰
내력은 도선국사가 중창 전설 전해주네

도림사 오도문을 지나가면 은행나무
우람한 구상나무 양쪽으로 서 있으며
현판은 남도문인회 허백련 선생 글씨라.

오세암 전설 1

영시암 상류 있고 신라의 선덕여왕
고승인 매월대사 고아인 이질조카
옥동자 두 살짜리가 수도할 지은 매월암

늦겨울 식량 없어 옥동자 남겨놓고
먹을 걸 구하려고 양양의 큰절 찾아
삼 일 내 돌아올 예정 대설이 와 해 넘겼던

이듬해 삼월에 와 암자를 못 미쳐서
매월암 신기하게 암자에 경을 읽고
달려가 바라볼 때에 목탁 소리가 들렸네.

오세암 전설 2

동자는 불상 앞에 똑바로 앉아있고
죽은 지 오래된 몸 목탁을 계속 치며
입에서 들릴까 말까 관음보살 불렀다네

이때의 동자 나이 다섯 살 도통경지
넘어온 동자 영을 받들어 매월암을
오세암 개칭해 불러 동자 모(母)는 관음보살

그렇게 먹을 식량 구하러 겨울 넘겨
왔으니 그 얼마나 애가 타 기다리다
주검에 이르자마자 그때서야 보살이라.

인생

인생이 사별하면 떠난 길은 정갈하게
꽃상여 명복 빌면 해로가*로 다한 정성
북망산 모시는 자리 사별 인사 올리나니

이렇듯 삶의 목숨 벼룩 뿔도 짧은 것을
마지막 저승 넋 꽃상여가 달래주랴
육신은 흙과 더불어 영원으로 가신 길을

영혼은 하늘나라 북망산에 잠드셔도
부엉이 슬픔도 울어 예는 더 하리요
후손들 정성들임에 편안히 잠 드시소서.

* 해로가(薤露歌) : 상여가 나갈 때에 부르는 슬픈 노래.

불심

산사는 아직 먼데 들려온 에밀레종
세속은 파안대소 산 운치 펼쳐 보여
시대상 반영해주는 특징을 이루었네

도도히 흐른 물은 넘치는 서정으로
모두가 주옥같이 맑은 물 흐를 지고
경관도 불심을 품어 진실한 곳일세라

토맥이 움직이니 움직인 수양버들
한 폭의 풍경화인 대자연 경관 이룬
늠름한 계곡 물소리 영영 잇고 흐르네.

무등 계곡 날

재를 넘자 산속에 가 빈집 한 채 있어 쉬니
너무나도 적적함에 술 생각도 나는데다
임 생각 그지없음에 밝은 달은 토해내고

푸른 하늘 피우고서 새벽 베개 등잔불만
외롭다고 소매 잡고 소곤소곤 어이 할 줄
몰라서 나오자 해도 속사정만 태웠느니

무등 계곡 깊은 곳에 한줄기의 시냇물이
그윽하게 누각 기둥 끼고 흘러 날 저물자
목청 내 시를 읊고서 새벽잠 코를 골았네.

일출봉

삼매봉 외돌괴로 은모래 밭 칠십 리여
구구봉 천연암석 요새지로 천태만상
일출봉 저 영실암은 금강산을 부르네

은빛이 철썩철썩 파도치는 서귀포라
남제주 기암절벽 구곡간장 절고 절어
비바리 하소연 실어 무운장구 빌리라

해녀들 속마음을 알아주나 읽어주나
절부암 고 씨 부인 남편 죽어 한이 얽힌
한라산 백록담에서 넋이 되어 울겠지.

화순을 지나가며

갈 길이 멀어지고 스스로 쉬려 해도
남쪽의 나라 땅을 걸어서 유람하니
걷는 길 바쁜 거름에 시간이 내 배를 울려

나그네 지팡이가 시 생각 읽어주니
받아서 쓰려 하면 휘 잡고 빨리 가자
꽃다운 계집 네들이 물가에서 희롱하네

물가에 정다웁게 노는 곳 눈이 가니
옛날의 폐기 같은 젊음은 어디 가고
발길이 겁내는구나 위태함이 심하기에.

해인사

해인사 동백꽃이 울긋불긋 자랑하고
산견(散見)이 낙락장송 산고수청(山高水清) 여울소리
사귀는 메아리 엮은 시거의 풍경소리

자연의 풍랑이야 비할 수도 없거니와
전나무 가지에는 멧새 열려 산경 읊고
즐비한 풍광 벗 삼아 선녀 불러 즐긴 터

천 불의 눈동자는 모두 다들 눈감은 채
억겁의 세태 불심 절고 절은 좌선인 듯
파수병 측백나무는 덕불고 절어있네.

서라벌 한탄 소리

서라벌 봉덕사의 북소리가 들려오고
지금도 우리 귀엔 끊이지 않는 범종 소리
신라의 쪽빛 하늘에 이는 구름 멍 이런가

말발굽 뛰는 소리 토함산을 넘어가고
메아리 엮어 울린 서라벌의 한탄 소리
무너진 돌조각들도 한 품고서 흐느끼고

흔적은 한 자밤씩 피눈물로 버섯 피고
신라의 넋두리는 빗물 속에 지워지니
현인도 간곳없기에 두견새만 슬피 우네.

능주는 멀어지고

두메산골 구름 깊어 타향이라 희미한 곳
낭주최씨 가진 분이 하나 없고 다른 성씨
타향에 눈물 서럽다 흘리고서 임을 찾네

나그네의 회포만은 유난스리 쓸쓸하고
밤의 시야 하늘이고 별은 총총 비치건만
허전한 심정 홀로이 보낸 것이 지루하네

걸어가다 졸고 나면 능주 땅이 멀어지고
술잔 속에 떨어지는 꿈 이야기 베개 위엔
적셔진 시냇물처럼 달빛 어린 옛님 얼굴.

농부들의 술자리

엷은 구름 햇살 자락 산등으로 펼쳐 깔고
농가마다 소를 몰고 채찍하며 웃음 피네
주가 몇 말인지를 몰라지고 간 일꾼들아
매화꽃도 궁중 동산 휘덮어서 피고 지고
하늘 보고 웃는 건가 꽃무늬를 깔고 흘러
봄날의 경지를 그려 농심 마음 적시 누나

천 리 길을 흩어가는 바람들은 꽃향 맞고
농부들은 술자리에 인생 웃음 노랫소리
권하는 노랫가락에 노고지리 춤을 추네.

화류(花柳)에 젖어

밤하늘 눈썹달이 정갈하게 비추느니
예던 날 연인 닮아 중천 높이 흘러가고
모두 다 절세가인에 눈 돌릴 수 없네그려

매화꽃 방긋 웃고 시침 떼고 꼬리치는
꽃다운 이팔청춘 배꽃 가득 풍류 여인
저 달이 기울 때까지 아름 살짝 유혹 하나

한둘이 아니고서 수백 명이 모였는데
내 어이 회포 풀어 달래지도 못할 것을
나그네 화류에 젖어 이 한밤을 지새우랴.

내 생애(生涯) 비안함노(飛雁含蘆)

비바람 세세연년 몰아쳐 굽이돌던
선조와 유서 깊은 참사랑 상재지향
벽옥산 기슭 아래인 명당의 집터일 터

부족한 세상사 몸 주력해 칭찬받을
오똑이 꿈 일구려 굴하지 아니하며
산세도 빼어난 정기 한 송이 무궁화여!

읊었던 구곡간장 헤아릴 풍상(風尚)의 길
봉오산 혈맥 서려 정자강 여울 이은
내 생애(生涯) 비안함노(飛雁含蘆)의 시성(詩聖) 길 풍상(風尚)인 돼.

화류 벽상(花柳 壁上)*

눈 속의 푸른 솔이 우리네 맘 울리며
자연의 호걸들은 모두 다 늙어가고
저 건너 월하밀회(月下密會)는 화류벽상 꽃이 피네

겨울도 이젠 가고 봄날의 일난풍화(日暖風和)*
벗들은 간곳없고 능갈친 월하정인(月下情人)*
내 간장 사로잡고서 월하밀담(月下密談) 일낙(一諾)하나

언제나 꿈에 살고 언제나 꿈에 죽는
말없이 떠나가는 허무한 인생살이
임종의 저승길이란 공수래공수거로다.

* 화류벽상(花柳壁上) : 꽃과 벗들의 육십 화갑 때.(사내 계집들)
* 일난풍화(日暖風和) : 날씨가 따뜻하고 바람이 부드러움.
* 월하정인(月下情人) : 달빛이 비친 곳에 만난 사랑하는 사람 (정부 사이)

묵직한 언어 속에 들어있는 생명력

박 영 교(시조시인 · 평론가)

최윤표 시조시인의 작품을 읽으면서 삶의 편린(片鱗)들이 다양하게 펼쳐져 있음을 볼 수 있다. 작품 속에는 생각의 깊이와 넓이, 인생의 진리와 허실, 행동의 오만과 진실, 삶의 서정과 아픔이 고스란히 담겨 있기 때문에 작품을 신실하게 읽고 깊이 이해할 수 있어야 그 내용도 함께 만나볼 수 있는 것이다.

최윤표 시인의 시조집 작품을 읽어 내리는 데에는 여간한 인내심을 갖고 독파할 수 있어야 하며, 수시로 작품 속의 내용과 호흡이 길다. 시인의 연륜이 높아서 작품이 이미지 중심으로 흐르는 작품이 아니라 이야기 중심으로 흐르는 것, 내용 중심으로 움직이는 것은 어쩔 수 없는 상황인 것 같다.

너무나 묵직한 작품들로 구성된 점이 특징적이다.

최윤표 시인의 작품집 전체를 훑어보면 전 5부로 구성하고 있으며 제1부 「인왕산」 등 24편, 제2부 「선구자」 등 24편, 제3부 「독도」 등 24편, 제4부 「욕망을 품은」 등 22편, 제5부 「지금껏 홍일점」 등 27편 전 작품이 121편을 싣게 된다.

제1부에는 어머니와 고향에 대한 그리움 제2부에는 꽃 이야기를, 제3부에는 독도와 새에 대한 작품들이 위주였으며, 제4부에서는 무전여행, 또는 꽃에 대한 작품, 가족여행에서 얻어진 작품들, 제5부에서는 산과 암자에 대한 노래가 위주인 것 같다.

그러면 최윤표 시인의 작품을 만나보자

지향 없이 걸어오니 원행 길은 멀어지고
남쪽에서 그리울 땐 못 잊어서 그려보면
사무친 그리운 사연 피지 못할 꿈 이런가

갈길 마저 멀고 멀어 끝없는 한 무심하고
세월 또한 말이 없고 무정 강물 흘러간 데
가고자 한 휴전선아 종점이라 못 가는가

전쟁터에 사무치던 젊은 청춘 넋이로고
두고 왔던 고향이고 자라던 곳 보이건만

영원한 묘향산맥은 내 영혼 노닐 곳인데.

—「영원한 묘향산맥」 전문

묘향산은 우리나라 지형의 등뼈와 같은 산맥이 묘향산맥이다. 이 작품을 통해 보면 최윤표 시인이 직접 묘향산을 접해보고 쓴 작품 같아서 흥미롭다. 시인의 고향산천이 가까운 곳에 있는 것으로 느껴진다. 물론 시인은 자기 고향이 아니더라도 고향처럼 느껴지면 그곳이 곧 고향인 것 아니겠는가?

초등학교 때 산맥 이름을 줄줄 외우면서 공부한 것이 지금도 그 마음속에 뿌리 내려 있어서 묘향산맥 하면 우리나라의 등뼈와 같이 남북으로 바로 뻗은 산맥으로 잘 알고 있는 것이다.

우리가 지금까지 읽어왔던 고시조 속에는 옛 선조들의 체취와 생활풍습 언행 그리고 시대상까지 느낄 수 있듯이 현대시조 속에서도 우리들의 발자취와 생활의 단면을 떠올릴 수 있으며 그런 면을 형상화하고 있음이 분명하다. 우리는 그것을 통하여 시대를 분명히 알고 바로 볼 수 있는 마음을 이야기하고 또 그 노래로 인해 민족의 횃불을 볼 수 있게 하는 힘을 싹틔우는 것이다.

일송정 달빛 아래 물소리의 자진가락
이 한밤 애원 토한 적막강산 전선야곡
언제쯤 웃고 만날까 기약 없는 부모형제

철새 떼 모여들어 구슬피 운 한탄 노래
따스한 혈육의 정 잊은 정을 다시 살려
가슴속 맺힌 한탄을 말끔하게 씻어가며

문화도 애원하니 한 맘 한 뜻 합심하고
천만세 누려 가며 얼굴 주름 펴고 살길
한탄강 이름을 바꿔 통일강 노래 부르죠.

—「한탄강」 전문

시인은 '한탄강'이라는 이름을 불러보면서 남북이 갈라져서 한 민족이 서로 왕래도 못 하고 볼 수도 없고 하염없이 세월만 가는 것이 한탄스럽고 안타까운 삶의 아픔을 이 작품을 통해 찾아볼 수 있다.

"언제쯤 웃고 만날까 기약 없는 부모형제" 첫째 수 종장이다. 최윤표 시인은 이산가족의 아픔을 너무나 절절하게 느끼면서 만날 날을 기다리면서 이 작품을 쓰고 있다. 둘째 수에서는 이 가슴속에 맺힌 아픔을 씻을 날을 생각하며 살아가고 있는 것이다. 마지막 수에서는 한탄강을 이름 바꿔서 '통일강'으로 부르자고 노래하고 있다. 이산가족의 아픔이 얼마나 절절했으면 그렇게 하자고 노래하겠는가?

지구촌 휴양기지 분단의 제약 거둬
우리의 힘 합쳐서 살아갈 미명(美名)의 덕
간직한 명산의 절경 느긋이 열어가며

형상은 말 없어도 눈부신 아름다움
그리운 금강산의 절경의 저 모습을
세계인 불러 모여서 살아온 이야기를

남북 간 디딤돌 될 앞날의 새싹들과
중추적 역사들의 보물도 아름드리
억겁을 탐험한 전설 한국얼 알려주세.

—「한국 얼」 전문

최윤표 시인은 금강산 산행을 하면서 느끼는 우리나라의 얼을 생각해보는 것이다. 우리나라의 명산 금강산을 모든 사람들에게 느긋하게 구경할 수 있게 할 수 없겠는가? 라는 의문점을 던지고 있다.

"형상은 말 없어도 눈부신 아름다움" 둘째 수 초장이다. 전 세계 사람들을 불러 모아 이 아름다운 절경을 구경시키면서 서로 살아온 이야기를 나누고 싶다는 시인의 생각이다. 마지막으로 우리나라의 얼을 세계만방에 알리고 싶어 하는 시인의 마음이 작품에 고스란히 표출되어 있다.

보이지 않는 시도(試圖) 나의 씨알 분명하고
행여나 기대했던 고독의 씨 하나 몸에
품고서 고향 산천을 언젠가 찾아가리

선조님 뒤를 이어 봉오산과 벽옥산의

거석리 아담스런 학 둥지인 명당자리
영혼의 태 자리 광명 증거를 심으리라

이 세상 하직하면 후인들은 뒤를 이어
태어난 작가 고을 억만년의 거울이 될
先驅者 鶴山巨木
선구자 학산거목을 기리도록 남겨두리.

億萬年
—「억만년의 거울」 전문

최윤표 시인의 작품 「억만년(億萬年)의 거울」 속에는 고향산천을 언젠가는 찾아가서 선조의 뒤를 이어 오봉산과 벽옥산의 거석리 명당마을을 찾아가서 영혼의 태 자리를 이루겠다는 생각, 마지막으로 시인이 이승을 하직한 후 후인들은 작가의 고을이 억만년의 거울이 될 선구자의 학산 거목을 기리도록 할 것이라고 생각하고 있다.

문학은 인간이 살아가는 길(道)라고 생각한다. 문학은 사람이 살아가는 길에 뜨겁고 눈물 있는 정원의 꽃 향이거나, 또는 춥고 삭풍이 부는 날 따끈한 희망을 주는 내용(內容)이거나 아니면 부패한 정치판 속에서 깨끗한 이슬을 건져 올리는 이야기라고 할 수 있다. 어려운 세상살이에서 보석같은 언어로 사람들에게 삶의 활력을 부여해 정신의 투혼을 건져 올릴 수 있는 것이 바로 문학의 힘이며 우리들에게 비춰지지 않는 정체성(Identity)을 잡아내어 일깨워주는 것이 문학이라 생각한다.

금강산 사계절은 두만강 변증하듯
모래톱 멧새들이 멱 감아 깃털 떼면
그 광경 하나하나가 시구절로 울먹이네

폭포는 끊임없이 칠십 성상 울먹이고
봉래산 아름드리 절개들을 자아내고
물소리 구슬프게도 끊지 않는 애곡(哀哭)이여

흐르는 물살들이 힘 넘친 너울춤에
풍악산 짐승들은 목청껏 노래하는
세상의 태평연월을 노래하고 즐겨 살고

개골산 천지 얼면 먹을 게 없는 울음
한 많은 세상살이 막막해 죽어가고
압록강 못내 물소리 호령들 한을 토하네.

—「금강산 사계절」 전문

최윤표 시인은 「금강산 사계절」을 금강산 여행 후 쓴 것 같다.

금강산은 두만강의 변증하는 것처럼 멧새들이 멱 감으면서 깃털 떼는 것부터 하나의 시 구절이 표현된다고 한다.

둘째 수 여름은 금강산이 봉래산이라는 이름으로 불려지면서 아름드리 낙락장송이 절개를 지키면서 계곡마다 물소리가 끊어지질 않는다. 셋째 수에서는 금강산의 가을 이름으로 풍악산은 모든 짐승들의 살찐 울음소리며 세상의 태평성대를 즐기는 산으로 변신한다. 마지막 수는 금강산의 겨울에 부르는 이름으로 개골산에는 모든 동식물이 얼어붙어 세상이 막막하게 보이면서 죽어가고 있는 산으로 물소리마저 얼어붙어서 소리를 토하지 못함을 시인은 아쉽게 생각한다.

아버지 사십(四十) 세(世) 운(運) 성상(星霜)이 무정하오
어머니 사십오 세 홀로 돼어 흥타령에
사려(思慮)의 호미 살이로 구십 세 운명 일생

고향을 떠나 온 지 시간은 주마(走馬) 간산(看山)
고모령 넘어 넘어 걷고 걸은 길 끝없던
이 못난 막내아들은 찾아 갈 곳 어데뇨

흘러간 세월 따라 뵈올 날 앞에 두고
나는요 가시밭길 타향살이 오뚝 인생
희망을 찾아가는 곳 어버이 뵈오려요

사나이 불석신명(不惜身命) 눈앞에 아롱거려
살아온 고독 참아 읽어오는 발자취는
영광을 얻는 그때가 내 청춘 블루스여.

—「내 청춘 블루스」 전문

시인은 작품「내 청춘 블루스」를 통해 자신의 일생을 작품으로 독자들에게 보여주고 있다. 아버지는 사십 세에 운명하시고 어머니는 사십오 세에 홀로되어 구십 세까지 사시면서 우리들을 길러 주셨으며 둘째 수에서는 고향을 떠나오면서 어머니는 고모령을 넘어서 걷고 걸어 넘어온 것으로 시인은 막내아들로 갈 곳을 모르는 것이다.

밤사이 생각나던 입술도 곱게 열어
화신의 나그네로 봄 화장 곱게 하고
치마폭 향기 날리며 미소 짓고 오노니

범나비 눈초리는 점찍어 놓았거늘
사모한 그 마음을 탐닉한 이 재주여
먼동이 중천을 여니 수줍음 보이는가

아쉬움 접고 보니 연연한 마음 내켜
청춘을 모름지기 이제야 알았으니
만남을 무릅쓰리라 모도리 목련화야.

—「목련화」 전문

목련꽃은 봄의 화신이다. 누구든지 보아도 검은 나뭇가지에 앉은 학 같은 자세로 봄을 불러오는 마음가짐이다. 최윤표 시인은 "치마폭 향기 날리며 미소 짓고 오노니"로 목련화를 표현하고 있다.

둘째 수에서는 목련화가 활짝 피면 범나비가 점을 찍어놓고 사모하는 마음으로 아침 중천에 뜬 햇살에 목련화는 수줍음을 보이고 있다. 마지막 수에서는 청춘을 이제야 알고 보니 더욱더 만남을 무릅쓰리라고 생각한다.

1
노을이 질 무렵에 갈대의 꽃 너울바람
가만히 바라보면 여인네 치마폭처럼
황혼의 빛살 안고서 너울춤 추는 기라

—「금낭화」 일부

2
들녘에 하늘하늘 고개 숙인 꽃들인가
누구를 위하여 핀 사연마저 갖췄을꼬
오늘은 허전한 곳에 너만 혼자 외롭구려

—「기다린 들국화」 일부

작품 1은「금낭화」의 첫째 수이다. 금낭화의 색깔은 붉다. 그리고 줄줄이 달려있는 꽃이다. 노을의 색을 달고 앉아있는 여인네의 모습을 연상시킨다. 황혼의 빛깔을 깔고 앉아서 바람에 하늘거리며 영롱한 빛깔을 자랑하고 있는 것이다.

작품 2는「기다린 들국화」 첫째 수이다. 들국화

는 야생이기 때문에 생활력이 강하다. 어디서나 잘 살고 그늘이나 양지바른 곳에도 잘 견디며 꽃을 잘 피운다. 가을밤 정자나무 밑에서 소슬바람을 맞아가며 가을의 쓸쓸한 마음을 감추고 홀로 허전한 곳에서 누구를 기다리는 외로움이여.

바다 호젓한 길 연인과 거닐 때면
즐비한 풍광의 멋 한눈에 사로잡는
바다의 고래 때들의 놀라움 보는 고야

수평선 저 먼바다 집 한 채 보인 듯이
떠가는 무궁화호 뱃고동 소리 내며
목적지 찾아간 기선 뒤에는 갈매기 떼

청해의 깊은 곳엔 고기 떼 이채로움
사방엔 운산으로 엎드린 흑룡 등들
햇살이 낙조에 흠뻑 젖은 아름다움아.

—「낙조(落照)」 전문

최윤표 시인의 작품 낙조(落照)」에는 그리움의 풍광들이 앉아 있고 먼바다 뱃고동 소리며 넘어가는 햇살의 아름다운 노을을 만나보게 한다.

연인과의 산책할 때면 한눈에 사로잡는 풍광들이 눈 안에 들어오고 돌고래 떼들이 놀라움을 보여주고 있다. 다음은 수평선 먼바다 집 한 채가

떠가듯 큰 배가 고동 소리를 울려가며 떠나가고 그 뒤로 갈매기 떼들이 날고 있다. 그리고 맑은 바다 깊은 곳에서는 고기들이 노닐고 있는 모습이며 좌우의 산맥들이 흑룡의 등을 보이며 낙조에 흠뻑 젖고 있는 모습이다.

한 맺힌 일제 치하 연초 놋쇠 식량 공출
울분을 참아 오던 고초 망상 절규 "광복"
결국은 남북 두 동강 잘린 실타래 성상아

우리의 부모님이 그 억압에 끌려가고
무지의 쌩 억지 속 구타하고 징용 사망
그 숱한 세월 세태에 헐벗고 배를 곯았지

그러나 우리 형제 굴하지도 아니했던
해중(海中)의 파수병(波守兵)의 보물(寶物) 독도 우리 영토
대한의 사시(四時) 영겁(永劫)의 입지 갖춘 강지(剛志) 빛난

교감한 동해바다 자손만대 평화통일
불멸(不滅)의 신망애(信望愛)의 인동(忍冬)처럼 긍지(矜持) 품고
아름찬 태극 깃발과 그 위상 동방(東方) 예지(叡智)여.

—「독도(獨島)」 전문

독도는 그 옛날부터 우리나라 땅이면서 우리 고유의 영토이다. 대마도도 그 땅은 우리나라 섬이

다. 왜 이렇게 되었는가? 말 많게 된 연유는 바다의 선을 잘못 그은 모 대통령까지 거슬러 올라가야 한다고 한다.

어찌했거나 일본 초 중 고등학교 교과서에 일본 영토로 표기되어 교육하고 있는 것은 확실하다. 한심한 노릇이다.

최윤표 시인의 작품 「독도(獨島)」에 대한 작품은 너무나 많다. 「독도는」, 「독도가」, 「독도란」, 「독도여」, 「독도만은」, 「독도라 함은」, 「그 이름 독도」 등 많은 작품을 함께 발표하고 있다. 새 이름으로는 구관조, 팔색조, 귀곡조, 역력조, 불사조 등의 작품을 읽어볼 수 있었다.

사붓이 아장걸음 내 시선 홀리는가
마주쳐 교차된 너와 나의 눈망울이
말없이 빚난 미소가 스스럽게 유혹해

일상은 무엇에! 허름한 옷 아우거리
고결한 그 모습 호미 끝에 해가 지고
매화의 웃는 얼굴이 희망찬 삶이려니.

—「매화」 전문

매화는 봄의 전령사이다. 사실상 매화는 고결한 절개를 말하는 향기와 꽃이며 그 설한풍에도 고고하게 살아남아서 자신의 향취를 전달하는 것으로

서, 퇴계(退溪) 선생이 단양군수로 있을 때 그의 애첩 두향이가 이별할 때 준 난분을 자신이 죽을 때까지 잘 간직하고 있었다는 말이 있다.

최윤표 시인의 작품 「매화」도 설중매의 빛난 미소를 아름답게 받아들여지고 매화의 향기를 희망찬 삶으로 받아지고 있다.

제주도 청정해역 부서진 파도 소리
해안의 검붉은 땅 유채꽃 수를 놓고
자연이 빚어낸 색채 향냄새 천 리 갈 제

연연히 이맘때면 대지를 물들이고
신혼의 부부들이 담아낸 이 사진첩
영원히 파뿌리까지 흔적으로 남으리

한 쌍의 꽃과 나비 인연의 언약 맺어
부귀와 공명 영화 꿈 일궈 살으리요
인간사 역경 속에서 사랑도 피우리라.

—「유채꽃」 전문

최윤표 시인의 작품 「유채꽃」 은 '제주도 가족관광여행'이라는 부제가 붙어있다. 제주도 여행에서 느낀 점 등을 작품화한 것이다.

제주도 청정해역의 부서지는 파도 소리에서부터 유채꽃 자연이 만들어 낸 색채 향내 등을 노래하면서 신혼부부들의 신혼여행지로서 찍어내는 사진들의 모습들, 오랜 세월 동안 남기를 바라는 마음, 사람이 살아나가는 데 모든 역경을 이겨내고 좋은 사랑으로 살아갈 것을 시인은 희망한다.

떠나온 산자락도 어렸을 때 그대론데
내 살던 그 형상은 간데없는 옛집이여
대나무 숲의 새들은 옛 그대로 하모니여

하늘의 장어구름 메 준령을 펼쳐 흘러
낚시를 드리웠던 냇물 모습 어데 가고
순희와 마주 앉아서 희락의 덧셈 하던

무엇이 나를 잡고 덧붙다가 뒹굴어진
희설의 덧없었던 그 시절은 가슴 울린
고향의 물레방아도 흔적인들 보이잖네.

—「고향의 물레방아」 전문

작품 「고향의 물레방아」를 읽으면 그 옛날 고향의 모습은 오간 데 없고 자연과 산천은 그대로 볼 수 있지만 인위적인 것은 많이 변한 것을 알 수 있다. 최윤표 시인은 작품 첫수에서 다 변하고 산자락, 대나무 숲속 새들의 지저귀는 소리는 여전하다고 노래한다. 다음은 시인이 알던 사람들은

다 어디를 가고 없으며 낚시하던 냇가도 변해 있음을 고백한다. 마지막으로 그때 그 시절의 덧없음을 가슴 울리고 고향의 물레방아도 보이지 않는 가슴 아픈 옛 시절을 노래하고 있다.

이름을 부르기가 너무나 원통하다
전쟁의 골육상쟁 남북 간 그랬음이
골짝의 죽은 원혼이 한을 품고 있으리

지리산 피아골로 불러진 이름이여
그 이름 빛날지니 묵념을 올립니다
덕분에 살아간 정신 혼령들의 덕이죠

잠깐사 연곡사에 들려서 영혼들께
불심을 참불하여 들이고 발길 옮긴
피아골 천상의 구름 무례함 띄웁니다.

—「피아골」 전문

지리산은 백두대간의 끝자락이다. 바로 소백산의 마지막 끝이어서 우리나라의 마지막 살아있는 산이다. 이 지리산 자락으로 인해 많은 사람들이 먹고 살아가는 것을 우리는 잘 알고 있다. 지리산은 우리의 역사와 함께한 산도 드물다. 멀리는 임진왜란 의병에서부터 한말 의병활동, 가까이는 한국전쟁(6 · 25전쟁)에 이르기까지 지리산은 밀고 밀리던 역사의 현장이었다.

해방 후에는 한국전쟁을 겪으면서 지리산은 격렬한 싸움의 현장으로 전쟁 통에 숨어들어온 빨치산이나 공산주의자들 그리고 그들을 토벌하던 군경들과의 치열한 격전지였다. 그때 죽은 사람들의 넋이 스며들어 피아골의 단풍이 다른 곳의 단풍보다 유난히 붉게 타오른다고 한다. 최윤표 시인은 지리산 피아골의 그런 여러 가지 상황을 잘 알고 있는 시인이다.

이상에서 최윤표 시인의 작품 전편을 차근히 읽어보았다. 그의 작품 속에는 우리나라의 역사가 녹아 있고 구수한 삶의 이야기가 담겨 있으며 살아가는 사람들의 발자국 냄새가 젖어 있어서 좋다.

문학작품은 어쨌든 간에 삶의 정서가 풍부하게 담겨져 있어야 하고 독자로서 느낄 수 있는 높은 수준의 감동을 수반해 있어야 한다는 것은 자명한 사실이다.

최윤표 시인의 작품을 읽어보면 인간미가 젖어 흐르고 사람들이 살아가는 아픔과 그리움과 저녁노을 같은 설렘이 함께 있어서 독자들이 작품을 대하는 데는 친근감을 주고 있는 작품이라고 할 수 있다. 앞으로 더욱 훌륭한 작품이 나올 것을 기대하는 바이다.

문학세계대표작가선 892

난생처음 단 한 번

鶴山 최윤표 제2시조집

인쇄 1판 1쇄 2019년 7월 24일
발행 1판 1쇄 2019년 7월 31일

지 은 이 : 최윤표
펴 낸 이 : 김천우
펴 낸 곳 : 도서출판 천우
등 록 : 1992. 2. 15. 제1-1307호
주 소 : 서울시 성동구 무학봉28길 6 금용빌딩 2F
전 화 : 02)2298-7661
팩 스 : 02)2298-7665
http://moonhak.wla.or.kr
E-mail : chunwo@hanmail.net

값 18,000원

ISBN 978-89-7954-773-3

이 도서의 국립중앙도서관 출판예정도서목록(CIP)은 서지정보유통지원시스템 홈페이지(http://seoji.nl.go.kr)와 국가자료공동목록시스템(http://www.nl.go.kr/kolisnet)에서 이용하실 수 있습니다. (CIP제어번호: CIP2019028284)